DE LA CONSTITUTION

DE LA

CHAMBRE DES PAIRS,

PAR

H. BLONDET,

AUTEUR DE *Le Roi règne et peut gouverner*.

> Nous ne connaissons que deux principes qui constituent réellement une Chambre : l'hérédité ou l'élection. Il faut donc rendre à la Chambre des pairs l'hérédité, ou, si cela est impossible, il faudra *de façon ou d'autre* introduire dans son organisation le principe électif.
>
> *Journal des Débats*, 1839.

Paris,

CHEZ LEDOYEN, LIBRAIRE AU PALAIS ROYAL,

GALERIE D'ORLÉANS, 31.

DÉCEMBRE 1841.

TABLE DES MATIÈRES.

PÉTITION AUX CHAMBRES (1).

MESSIEURS,

Les Chambres, en 1830, ont fait à la Charte tous les changements, toutes les améliorations que comportaient le temps et les circonstances; mais certainement elles n'ont pas pensé que leur œuvre fût le dernier mot de la sagesse humaine. Nous savons, par l'histoire du monde, qu'à certaines époques les peuples changent d'esprit et de tendance, et qu'alors des modifications s'introduisent dans les lois constitutives des Etats, quelquefois par un compromis, mais presque toujours, et malheureusement, par la violence. Un jour donc, sans doute, la charte actuelle ne sera plus, dans quelques unes de ses dispositions principales, en harmonie avec les idées dominantes de la nation.

Si nous étions assurés que dans ces conjonctures le pouvoir, reconnaissant les besoins de l'époque, viendra de lui-même proposer des changements devenus nécessaires, ou du moins se rendra aux vœux unanimes des citoyens, nous n'aurions pas à nous inquiéter de l'avenir. Mais il peut arriver que les choses ne se passent pas ainsi : deux révolutions nous l'ont suffisamment prouvé. Nous devons espérer, il est vrai, que, grâce aux progrès de la civilisation, les mêmes circonstances ne se reproduiront pas : cet espoir cependant ne nous autorise pas à négliger toute mesure de précaution. Certes, personne plus que moi ne croit aux bonnes intentions des gouvernements en général, et en particulier du nôtre, qui est le gouvernement d'un pays libre, mais je ne puis m'empêcher de

(1) Cette pétition sera adressée aux Chambres à l'ouverture de la session.

reconnaître qu'il est dans la nature d'un gouvernement *quelconque* de considérer tout changement comme dangereux, et, par suite, de répondre par un refus à la demande d'une réforme des lois constitutives de l'Etat, ou tout au moins de déclarer que le moment des concessions n'est pas encore venu. Cette résistance aigrit et agite d'abord les esprits, puis, si la situation se prolonge, la défaite du pouvoir, sinon une révolution, s'ensuit : ce qui, dans l'un et l'autre cas, amène la déconsidération de l'autorité.

Les révolutions, nous ne le savons que trop, ont pendant long-temps des suites désastreuses. Nous devons donc, autant qu'il est en notre pouvoir, rechercher et introduire dans les lois constitutives de notre pays des principes, des dispositions qui puissent éviter à la France de recourir jamais à ces moyens extrêmes.

C'est dans ce but que je propose un article additionnel à la Charte. Il serait ainsi conçu :

La présente Charte pourra être révisée tous les trente ans.

Par l'adoption d'un tel article nous réduirions d'abord au silence ceux qui prétendent que le gouvernement constitutionnel, que notre charte est un obstacle au progrès. Puis, la révision de la constitution étant assurée à des époques fixes, il n'y aurait, dans l'intervalle, ni pétitions à milliers de signatures, ni discussions orageuses à leur occasion, ni rejet par les pouvoirs, ni récriminations réciproques, ni agitation. Bien plus, nous ne nous mettons ainsi au point de vue d'aucun parti; et, de la charte, qui, sans cette disposition, n'est qu'une œuvre de circonstance, nous ferions une œuvre de tous les temps, puisque nous déclarerions par là que la constitution doit toujours être l'expression de la souveraineté nationale, soit que cette souveraineté suive une marche progressive, soit qu'elle suive une marche rétrograde (*rétrograde* suivant les idées actuelles). La souveraineté nationale ne serait pas annulée, encore moins niée; mais, au lieu d'être constamment en exercice, ce qui offre d'immenses dangers, elle n'entrerait en action qu'à des époques éloignées et déterminées ; et même alors elle s'abstiendrait si le besoin d'une révision ne se faisait pas sentir, car nous ne disons pas : La Charte *sera*, mais bien *pourra être* révisée.

Il serait certainement bien désirable qu'il y eût un intervalle d'à peu près cinquante ans entre deux révisions consécutives, et ce désir pourrait être satisfait si la Charte ne renfermait que des principes généraux ; mais elle contient des dispositions réglementaires qui portent toujours la trace des préoccupations passagères de l'époque où elles ont été établies, et qui comportent d'autant moins de fixité que l'expérience ne les avait pas encore sanctionnées.

Cependant, mettre moins de trente ans entre deux révisions successives, c'est trop se défier de la sagesse des législateurs, c'est supposer trop de mobilité à l'esprit humain, c'est donner trop peu de fixité, et, partant, d'autorité, à la constitution. En général les principes et les dispositions réglementaires d'une constitution doivent durer au moins autant que la génération qui les a fait prévaloir.

Quant à la marche à suivre pour la révision, rien de plus simple.

La trentième année, au commencement de la session, dans le discours même d'ouverture, le gouvernement serait tenu de déclarer, purement et simplement, s'il prend l'initiative ou s'il y renonce. Dans le premier cas, tout se passerait comme pour les lois ordinaires. Dans le second, les deux chambres, réunies en une seule assemblée, examineraient l'opportunité ou l'innopportunité de la révision de la Charte. Lorsqu'elles se prononceraient pour l'affirmative, une commission mixte préparerait un travail qui serait soumis d'abord à celle des deux chambres que le sort aurait désignée.

Ce mode de révision me paraît facile ; il offre surtout l'avantage de déterminer un des cas où les deux chambres doivent n'en former qu'une. Cette disposition indispensable, dans certaines circonstances extraordinaires, de la réunion des deux chambres en une seule assemblée, a été omise dans la Charte ; il importe de l'y introduire.

L'article additionnel que je propose pourrait donc être conçu en ces termes :

La présente Charte peut être révisée tous les trente ans.

A l'ouverture de la session de la trentième année, le gouvernement déclare s'il prend l'initiative de la révision ou s'il y renonce.

Dans le premier cas, il présente un projet simultanément aux deux chambres.

Dans le second cas, les deux chambres réunies examinent s'il y a lieu ou non à révision ; si elles prononcent affirmativement, elles nomment une commission mixte pour préparer un travail.

Le sort désignera celle des deux chambres qui discutera la première le projet de cette commission ou celui du gouvernement.

La révision de la Charte ne pourra durer plus d'une session.

Il peut se faire, Messieurs, que vous n'approuviez pas le mode de révision que je propose. Peu importe, puisque ce n'est qu'une affaire de forme. Mais quant au principe en lui-même, j'ai la ferme conviction que vous l'approuverez : car il n'est pas un de vous peut-être qui n'ait pensé que, sans ce principe, notre Charte est incomplète. Plusieurs des Etats qui nous environnent ont adopté cette prudente disposition. Serions-nous moins sages et moins prévoyants?

Agréez, Messieurs, l'assurance du profond respect avec lequel j'ai l'honneur d'être

Votre dévoué concitoyen,

H. BLONDET.

AUX CONSERVATEURS,

Il est des personnes qui, d'après le seul titre de ma première publication, jugeront que ce nouvel écrit ne peut avoir d'autre but que de glorifier la Chambre des pairs au détriment de la Chambre des députés, de sacrifier celle-ci à celle-là, pour arriver à un gouvernement aristocratique ou à un despotisme éclairé. D'autres au contraire, après m'avoir lu, jugeront que je suis converti à l'opposition, parce que je veux rendre la Pairie en partie élective.

Les uns et les autres se tromperont également.

Je pense toujours que *le Roi règne et gouverne* (1), mais je n'admets pas pour cela que nos institutions soient parfaites. Tout bon citoyen doit combattre ces fous furieux qui prétendent tout changer, tout renverser, et qui procèdent par l'émeute; mais repousser toute amélioration, toute transformation sage;

(1) « Dans une monarchie absolue, dit l'opposition, *le Roi règne et gouverne ;* rien de mieux, puisqu'il ne relève que de lui-même. Donc dans » une monarchie constitutionnelle, qui relève de la souveraineté nationale, » *le Roi règne et ne gouverne pas.* » Pour que cet argument fût aussi juste qu'il est spécieux, il faudrait que ces deux principes contraires répondissent à deux formes contraires de gouvernement. Or le contraire de la monarchie absolue, c'est la république ; le Roi absolu et le président de la république gouvernent tous les deux : le premier sans responsabilité, parce que son pouvoir est héréditaire ; le second avec responsabilité, ce qui entraîne le pouvoir à temps. Le gouvernement constitutionnel, étant un moyen terme entre l'absolutisme et la république, doit participer des deux. Le Roi doit donc gouverner ; mais sa prérogative doit être limitée. Nous prenons au pouvoir absolu l'hérédité, condition nécessaire de la royauté ; nous devons prendre à la république la responsabilité, mais l'appliquer aux agents sans lesquels le Roi ne peut rien, et qui, par conséquent, sont les seuls responsables.

mais s'épouvanter au seul mot de réforme, c'est faire acte d'entêtement, d'ignorance et de folie.

Mes idées sur la fonction respective des trois pouvoirs ont peu changé. Je considérais la Députation comme le pouvoir populaire; la Pairie *devait lui faire* contre-poids; la Royauté était le pouvoir modérateur. M'étant aperçu que la Pairie *ne fait pas* et *ne peut faire*, par suite de son organisation, contre-poids à la Députation, je me suis occupé de chercher une autre organisation pour cette assemblée.

Quoi de plus légitime?

Cependant les conservateurs pourront m'adresser ce que disait au *Journal des Débats* la *Revue de Paris*, à propos d'un article qui m'a fourni l'épigraphe de cet écrit: « De quel » droit repousse-t-on les projets de réforme de la gauche, ou » les ajourne-t-on, quand on demande la réforme de la Cham- » bre des pairs? Est-ce que le principe réformateur n'est pas à » l'usage de tous? et si vous voulez, vous, conservateurs, » étendre le principe aristocratique dans l'Etat, ne justifiez- » vous pas ceux qui demandent, de leur côté, qu'on fortifie » le principe contraire?.... Ouvrir la porte à la réforme, c'est » autoriser tous les partis à demander la révision des bases » fondamentales de l'ordre public, et si les deux partis font » admettre à la fois leurs demandes, vous aurez changé les » deux chambres en même temps. Or cela ne s'appelle pas » une réforme, c'est une révolution. »

On pourra dire encore que, l'article 23 de la Charte étant, comme tous les autres, définitif et non provisoire, c'est vouloir une révolution que vouloir le changer.

A cela je répondrai, premièrement, que, depuis les temps historiques, toutes les constitutions (Dieu seul en sait le nombre!) ont été données comme définitives, et que toutes ont été changées; en second lieu, que donner comme définitive une constitution quelconque, c'est déclarer que les dispositions qu'elle renferme sont les meilleures possibles, c'est nier le progrès. Il en résulte que, lorsque le temps et l'expérience nous ont prouvé notre présomption et notre folie, nous n'avons pas d'autre moyen de sortir du mauvais pas où nous nous trouvons que de violer la constitution, au nom de la nécessité, en y faisant les changements que réclament le temps et les mœurs; ou bien, si le pouvoir résiste, de faire une révolution armée. C'est afin de préserver la France d'une telle extrémité que j'ai proposé, pour la Charte, l'article additionnel qui fait l'objet de la pétition placée en tête de cet écrit.

Il ne s'agit pas de savoir si nous ouvrons la porte aux réformateurs de tous les partis; il ne s'agit pas de distinguer, en abusant des mots, si nous faisons une révolution plutôt qu'une réforme. Est-il vrai que la Pairie ne puisse remplir le rôle qui lui était destiné? Est-il vrai que la Députation l'emporte sur les deux autres pouvoirs, et que, par conséquent, il y ait péril en la demeure? Voilà ce qu'il est urgent d'examiner. Dans l'affirmative, aucune considération, aucune crainte exagérée ne doit nous arrêter; il faut porter remède au mal. Qu'importe que le remède s'appelle réforme ou révolution, surtout si c'est une révolution pacifique approuvée de tous!

Si nous n'admettions pas ce principe, qu'il est bon quelquefois de modifier les institutions fondamentales d'un pays; si nous consentions à avoir toujours les mains liées, il en résulterait qu'en fait de progrès, les gouvernements libres sont au dessous des gouvernements despotiques: car, de tout temps, les rois absolus ont modifié une institution quand ils ont vu qu'elle ne répondait plus à l'objet qu'on s'était proposé en la créant.

Dans mes projets de réforme, je ne cesse pas d'être conservateur.

Avant d'entrer en matière, je dois faire mes réserves.

On se tromperait étrangement si, en me voyant proposer une réforme de la Chambre des pairs, on se figurait que je fais peu de cas de cette assemblée. Je suis obligé de reconnaître son insuffisance; mais je déclare que cette insuffisance n'est que dans son influence politique, et non dans ses membres individuellement. Je ne prétends ajouter à la Pairie ni lumières, ni dignité, ni indépendance, qualités qu'elle possède au plus haut degré. Mon intention est de la compléter, non de la changer; non de changer ses attributions, mais de les rendre plus nettes et plus précises; non de l'élever au dessus de la Députation, mais de la rendre son égale en retirant à celle-ci la part d'influence qui revient à la Pairie et dont elle est en possession contrairement à l'esprit de la Charte.

I.

DANGER DE LA TENDANCE ACTUELLE DES ESPRITS EN FRANCE.

La France est arrivée à une de ces époques critiques où le caractère d'un peuple se transforme rapidement par le triomphe de certaines idées, qui auparavant lui étaient antipathiques.

Plus qu'aucune autre nation, la France s'est montrée généreuse et chevaleresque; plus qu'aucune autre elle a cherché à répandre les bienfaits de la civilisation, qui presque toujours a produit chez elle ses premiers et ses plus beaux fruits (1).

A l'époque de la Réforme, qui ne fut que l'insurrection du droit contre le devoir, de la raison individuelle contre la raison générale, des sens et de la matière contre l'esprit, l'égoïsme et les instincts matériels, débarrassés du joug sévère du catholicisme, se répandirent peu à peu parmi les nations qui avaient suivi le drapeau de Luther, et ils ont fini par y prévaloir. La France, vivement sollicitée par l'hérésie, répondit froidement à ses avances, préoccupée qu'elle était de constituer son unité; mais quand elle vit que, pour les princes et pour quelques grands, la religion nouvelle n'était qu'un moyen de revenir à la féodalité; quand elle vit que le triomphe de la Réforme était la destruction de l'œuvre presque accomplie qui lui avait coûté plusieurs siècles d'efforts : alors,

---

(1) Ces idées de générosité et de dévoûment commencent à paraître étranges aujourd'hui. Les disciples de La Rochefoucault, abusant de la détestable équivoque de leur maître, ont placé dans l'intérêt le mobile de toutes nos actions. Aussi la plupart de nos historiens et de nos politiques modernes donnent-ils l'intérêt pour mobile à toutes les manifestations réputées chevaleresques ou sympathiques de peuple à peuple. On a dit : *La sympathie, la reconnaissance d'une nation pour une autre, c'est son intérêt.* Les chefs, peut-être, pensent souvent ainsi, mais non les peuples. L'histoire donne un démenti éclatant à de telles maximes ; notre cœur les condamne.

Roi, nobles, bourgeois et populaire, fondirent sur l'ennemi, et répondirent à ses réclamations par le massacre de la Saint-Barthélemy (1). Ainsi furent repoussés l'égoïsme et les instincts matériels; mais depuis la première révolution, et surtout depuis celle de 1830, ils ont envahi notre France, autrefois si généreuse et si chevaleresque.

S'enrichir, pour arriver à la plus grande somme possible de jouissances matérielles, est devenu l'idée générale. L'industrie se fait l'auxiliaire de cet esprit funeste : elle a créé les bateaux à vapeur, les chemins de fer, et ces machines puissantes qui rendent la fabrication si facile. Ce sont sans doute d'admirables inventions, qui dans l'avenir aideront puissamment au développement de la civilisation, mais qui aujourd'hui ne sont acceptées que dans un but peu noble, dans le but de servir d'une manière exclusive les intérêts purement matériels. La division des propriétés donne encore plus d'es-

---

(1) Après ce massacre, les réformés ne se firent faute de contes ridicules, que les philosophes du dix-huitième siècle se sont empressés d'accréditer comme vérités historiques, avec force déclamations répétées encore de nos jours. Au fond, de quoi s'agit-il? Les huguenots étaient une minorité qui devint factieuse parce qu'elle ne put obtenir le libre exercice de son culte. Osons-nous bien croire que cela fût possible à cette époque, quand après trois cents ans, dans un siècle de *lumières*, la liberté religieuse n'existe encore qu'en France. Parfois aussi les huguenots livraient nos ports à notre éternel ennemi. Une telle conduite méritait châtiment. Que l'on blâme et le châtiment qui fut infligé et la manière dont il le fut, soit; mais au moins faut-il reconnaître qu'un châtiment était dû.

Que nos historiens, que nos auteurs dramatiques (M. Casimir Delavigne dans *Une famille au temps de Luther*), ne nous représentent pas toujours les catholiques comme des fanatiques furieux toujours prêts à verser le sang, et les protestants comme des hommes justes ou tolérants! Enfin que des peintres plus ou moins démocrates, sur la foi des historiens protestants, ne nous montrent pas Charles IX, à ses derniers moments SUANT LE SANG, *et agité d'affreux remords en apercevant la fenêtre de laquelle il a tiré sur le peuple!* Cela peut être un beau sujet, mais ne faussez pas l'histoire; mettez: *avec* le peuple et *sur* des factieux.

sor à cet esprit, et le rend plus général; et, loin que nos lois combattent cette tendance au matérialisme, elles la favorisent en faisant de la fortune la base de notre état social ; aussi l'argent est-il le but de toutes les ambitions, de tous les travaux.

En vain objecterait-on que les idées positives ont dû prendre de l'extension avec le commerce et l'industrie. Ce principe n'est pas applicable ici : car l'industrie et le commerce étaient proportionnellement aussi développés sous Louis XIV que de nos jours; et cependant que ces idées étaient loin alors de tendre à dominer! C'est qu'elles trouvaient un contre-poids et dans les sentiments chevaleresques qu'entretenait la noblesse, et dans les croyances, admises ou respectées de tous, d'une religion qui prescrit l'humilité et la mortification des sens. Aujourd'hui que ce double contre-poids n'existe plus, ces idées, sortant de la classe commerçante, se sont répandues insensiblement dans toutes les autres, et le vice fondamental de notre constitution, l'organisation des Chambres, en favorise les progrès (1).

Qui mène la France aujourd'hui?

Ce n'est ni le Roi ni le gouvernement, c'est la Chambre des députés : elle annule à peu près la Pairie et elle domine la Royauté. Les preuves de ce fait sont banales par leur simplicité; tout le monde en effet ne dit-il pas, sitôt qu'une question grave se présente : « Nous verrons ce que décidera *la* » Chambre. »? D'autre part, les députés marquants ne refusent-ils pas la Pairie? Pourquoi? si ce n'est pour exercer l'influence là seulement où elle est réelle, là seulement où elle donne la force et le pouvoir, là seulement où elle conduit aux

(1) Une tendance nouvelle se révèle généralement chez un peuple par l'admission ou la création d'un mot caractéristique. Ainsi, pour caractériser la nouvelle disposition des esprits, un mot nouveau a paru dans notre langue; c'est le mot *confortable*. Nous l'avons reçu du peuple qui le premier s'est livré au culte du bien-être matériel. Ce mot n'a son équivalent dans aucune langue catholique.

honneurs ou à la popularité? Si du moins la Chambre des députés souveraine faisait de bonnes lois, avait un esprit, une majorité certaine! Mais point : elle laisse à la Pairie le soin de réparer l'incohérence de ses lois, et elle ne se montre constante que dans sa versatilité. Quoi de plus pitoyable qu'une assemblée qui, sans avoir changé elle-même, appuie et renverse tous les ministères! qui, après s'être ameutée contre la politique du 15 avril, soutient aujourd'hui une politique qui n'en diffère pas sensiblement. A l'appui de ces critiques, citons les lignes suivantes d'un organe de l'opposition, qui avait exalté cette Chambre au plus haut degré à l'époque de la coalition :

« Peut-être le public, en présence des événements qui » s'accomplissent sous nos yeux, s'est-il quelquefois posé la » question de savoir si la Chambre actuelle, toute proportion » gardée, ne ferait pas autant de bien que la Constituante a » fait de mal en prononçant contre elle-même un décret d'ex- » clusion...

» Le moment serait mal choisi pour chercher des combi- » naisons de parti tendantes à établir la domination exclusive » d'une opinion sur toutes les autres : il y a plus de dix ans » qu'on s'agite, qu'on disserte, qu'on dispute, sans résultat; » et pendant ce temps le danger est venu, il a grandi, il se » rapproche tous les jours. Les ressources du pays sont im- » menses, et l'Etat est faible; le gouvernement a plus d'une » fois empiété sur les droits des citoyens, et il est paralysé » dans son action la moins contestée, la plus nécessaire ; les » partis sont âpres dans leurs luttes, et l'intérêt général lan- » guit abandonné ; enhardi par nos divisions, l'ennemi exté- » rieur est arrivé jusqu'à outrager, jusqu'à défier la France, » et personne n'a répondu, ou, ce qui est pire encore, ceux » qui avaient reçu et renvoyé le défi n'ont trouvé d'appui ni » dans le pouvoir ni dans les Chambres!

» Telle est la situation. Des expériences répétées et décisi- » ves nous ont appris que, si une grande partie du corps é- » lectoral, et peut-être la majorité, était animée de bonnes

» intentions, il n'y avait pas en lui assez de ressort, de dévoûment, de fermeté, pour que l'expression de la volonté nationale sortît forte et invincible de ses délibérations. Rien ne manque à l'évidence de cette démonstration : ou le cercle des choix est trop limité pour que les électeurs trouvent dans leurs mandataires de complètes garanties ; ou l'habitude des transactions particulières, des échanges de voix, de places, de faveurs, de bons offices, s'est trop enracinée dans les arrondissements pour qu'on puisse espérer désormais qu'une majorité vraiment indépendante puisse être le produit de notre législation électorale.

» ... Pour rallier toutes les forces du pays, il faut trouver dans des conditions pratiques un lien, un principe commun qui rapproche, qui unisse les classes de la société, que la législation actuelle tend à diviser... Mais aujourd'hui c'est la faiblesse constatée de l'état lui-même, c'est *l'incapacité politique* des Chambres en présence des nécessités pressantes qui sollicitaient un acte énergique de leur volonté, ce sont toutes ces causes à la fois qui provoquent la réforme. »

Telle est la Chambre des députés, et telle elle doit être; et son état empirera chaque jour, parce qu'elle est l'expression fidèle du corps électoral.

Quel est donc le vice organique de ce corps?

Le corps électoral étant composé presque exclusivement de propriétaires, de commerçants et d'industriels, la haute influence sur les affaires publiques se trouve exercée, non par la bourgeoisie, comme on le dit abusivement, mais par une partie de la bourgeoisie; par une classe inintelligente des principes sociaux et politiques; par une classe dont chaque membre apporte dans le soin des affaires publiques toutes les préoccupations de ses affaires privées; par une classe dont l'intelligence s'atrophie chaque jour et le cœur se dessèche dans des occupations sordides ou peu nobles, dans des habitudes de calculs ou de spéculations qui n'ont jamais d'autre but que l'accroissement ou la conservation de la fortune; par une classe qui, faisant consister le bonheur de l'homme dans le bien-être matériel, conduit la France à se faire un Dieu d'un lingot d'or; par une classe enfin qui, ne voyant pas de prospérité possible pour un État sans la sécurité du commerce et les progrès de l'industrie, et par conséquent sans le maintien de la paix, se montre pusillanime devant l'étranger, et rabaisse, aux yeux des nations qui la proclamaient grande, cette France que nos aïeux ont faite si glorieuse. Il ne faut pas nous le dissimuler : le jour où nous serons un peuple marchand, en conservant notre égalité civile, ce jour-là nous deviendrons aussi petits et aussi humbles que nous avons été grands et fiers. Malheureusement nous marchons à grands pas vers ce jour funeste!

Ajoutons à cela que, si les fils d'un électeur négociant et ceux d'un électeur homme de lettres ou savant ne paient pas, après le partage de la fortune de leur père, un cens suffisant pour être électeurs, et qu'ils suivent chacun la carrière paternelle, les premiers le deviendront bientôt, et les seconds probablement jamais. Le nombre des capacités proprement dites diminuera donc, parmi les électeurs et les éligibles, au profit des classes marchandes.

Des députés animés de l'esprit de ces électeurs, des députés qui représentent le cens, peuvent être fort utiles dans la discussion de certaines lois d'intérêt matériel; mais pour les lois qui touchent aux principes sociaux, à la morale, à la religion, à l'honneur national, la propriété n'est pas une garantie, un titre de capacité : bien loin de là, elle doit être en général une présomption d'incapacité. Il faut, pour ces grandes questions, l'expérience des affaires politiques et la connaissance des questions internationales, conditions auxquelles ne peuvent satisfaire des agriculteurs, des commerçants, des industriels; il faut des études spéciales auxquelles ils ne peuvent se livrer sans cesser d'être agriculteurs, commerçants, industriels. Aujourd'hui encore la Chambre des députés peut être éclairée sur ces questions par les capacités qu'elle renferme, et surtout par celles qui remplissent ou ont rempli des fonctions publiques; mais le nombre des capacités de la Chambre diminuant peu à peu par suite des tendances du corps électoral, et les fonctionnaires pouvant en être exclus, les idées positives prendront chaque jour plus d'empire, l'honneur national ne sera bientôt plus traité qu'au point de vue des intérêts matériels.

Mais le corps électoral est l'expression du pays.

Combien de fois, en effet, n'a-t-on pas dit que la Chambre élective représente la bourgeoisie, qui à son tour représente la France! Les conservateurs l'ont affirmé jusqu'à la chute du 15 avril; l'opposition l'a répété pendant deux ans à dater de cette époque. Aujourd'hui, conservateurs et opposants l'affirment ou le nient, suivant les chances du scrutin. Mensonges que tout cela! Les électeurs de la Bretagne, de la Vendée et des provinces du Midi, pays essentiellement religieux, n'ont-ils pas nommé, sous la Restauration et depuis, des députés voltairiens pour la plupart, ou du moins complétement indifférents en matière de religion, et dont quelques uns même ne manquent jamais l'occasion d'attaquer le clergé, qu'estiment et vénèrent les habitants des départements qu'ils ont la prétention de représenter? Au moins le corps électoral est-il l'expression des classes moyennes? Les censitaires ne représentent pas plus les classes moyennes que l'Académie française toute seule ne représente la littérature, les sciences et les arts.

Ainsi la classe dite moyenne veut arriver, par la Chambre élective, à la direction des affaires du pays. Les *principes constitutionnels*, le *gouvernement parlementaire*, etc., sont les moyens qu'elle emploie pour atteindre ce but, bien plus que pour avoir la vérité du régime représentatif. Elle veut enfin jouer en France le même rôle que l'aristocratie en Angleterre.

Ainsi nous sommes à la merci des hommes d'argent, et notre gouvernement n'est pas une monarchie, mais bien une ARGYROCRATIE constitutionnelle. Avec elle viendra bientôt le sensualisme, avant-coureur de la décadence des nations.

Voilà le danger. Il importe au salut du pays que nous opposions un obstacle puissant à l'omnipotence des hommes d'argent.

II.

MOYEN DE REMÉDIER A CET ÉTAT DE CHOSES.

Qu'a-t-on proposé pour régénérer notre société, pour l'arrêter sur la pente du matérialisme? Deux moyens : la réforme électorale et la réforme parlementaire.

Avons-nous lieu d'espérer que ces deux réformes rendraient toute la liberté de leurs mouvements aux rouages embarrassés de notre machine constitutionnelle?

Nullement, comme nous allons le voir.

La réforme électorale comprend : l'élection au chef-lieu du département, l'adjonction des capacités, l'extension du suffrage, l'élection à deux degrés.

1° L'élection au chef-lieu est impossible : jusqu'à ce jour, on n'a trouvé aucun moyen praticable. Il est vrai que sous la Restauration, jusqu'en 1819, les élections se firent ainsi; mais il n'y avait alors que quatre-vingt mille électeurs, et des hommes payant 300 ou 500 fr. d'impositions pouvaient bien sacrifier deux ou trois jours pour une affaire aussi importante, surtout à cette époque; ce qui n'empêche pas que beaucoup s'abstinrent, parce que leurs intérêts eussent trop gravement souffert d'une si longue absence. Aujourd'hui plus de la moitié des électeurs ferait défaut, et l'impossibilité de l'élection au chef-lieu s'accroîtrait avec le nombre des électeurs. En supposant d'ailleurs que l'on vînt à bout d'écarter toutes les difficultés, on ne ferait que substituer aux exigences d'arrondissement les exigences de département. Pauvre amélioration!

2° Le moyen le plus en faveur, celui auquel on attribue le plus d'efficacité pour donner à la chambre élective une tendance élevée, de l'indépendance, des lumières, et une juste fierté dans la politique extérieure, c'est l'adjonction des capacités, en laissant d'ailleurs tel qu'il est le cens électoral. Nous sommes loin de penser ainsi. Et d'abord, qu'est-ce que la can'admet comme capacités électorales que des censitaires ou des hommes ayant reçu une *éducation libérale.* Eh bien! celles de ces dernières qui ne font pas partie du corps électoral ne vont pas au delà de 30 mille; ce qui donnerait en tout 230 mille électeurs. En supposant qu'aujourd'hui l'électorat soit acquis à 20 mille capacités (c'est beaucoup dire), il en résulterait que la capacité compterait à peu près la cinquième partie des voix. Si l'on ajoute à cela que ces capacités sont réparties d'une manière fort inégale dans les colléges électoraux, puisque, sur les 30 mille nouvelles, près du tiers appartiendrait à Paris, où elles ne changeraient pas l'esprit des élections, et que la plus grande partie du reste serait répartie dans des grandes villes, dont elles ne modifieraient que fort peu l'esprit, en supposant qu'elles le voulussent. Enfin, si l'on remarque (et ceci est très important) que celles de ces capacités qui se trouvent dans les petites localités (les curés, les notaires, les médecins.....) exercent déjà sur les élections de ces localités l'influence que leur donnent leurs talents, leur éducation ou leur position, on reconnaîtra que l'adjonction des capacités ne produirait d'autre résultat que d'augmenter le nombre des électeurs. Que l'on porte ce nombre à 500 mille, comme le demande la gauche, le rapport des capacités au nombre total des électeurs sera bien moindre encore : leur influence diminuera donc à mesure que le corps électoral s'accroîtra.

3° L'extension du suffrage. 200 électeurs ne s'occupent, dites-vous, que des besoins de leur arrondissement. Pensez-vous donc que 500 électeurs ne seront pas animés du même esprit? Les 500 électeurs s'occuperont sans doute d'intérêts plus généraux de l'arrondissement, mais leur insistance auprès de leurs mandataires sera encore plus grande que celle des électeurs actuels, car un fermier qui ne paie que 100 fr. d'impositions et qui ne possède que deux chevaux a plus besoin d'une route ou d'un pont que celui qui paie 200 fr., et qui peut disposer de quatre ou de cinq chevaux. L'extension du suffrage ne serait donc pas un obstacle à la corruption.

D'ailleurs, à mesure que vous élargissez le cercle électoral, vous y introduisez des hommes simples et ignorants qui sont d'avance l'appoint de l'intrigue et du charlatanisme.

4° Enfin, l'élection à deux degrés n'est demandée aujourd'hui que par un parti dont les intentions sont bien connues. Cela ne prouve rien, il est vrai, contre ce mode d'élection, qui est peut-être le meilleur de tous.

Quant à la réforme parlementaire, elle est encore plus inefficace que la réforme électorale.

Prétendez-vous interdire à tout fonctionnaire le mandat de député? Nous verrons alors (spectacle ridicule!) des avocats, des littérateurs, des négociants, des industriels, discourir stratégie, marine, finances, administration....., toutes choses dont ils ne savent pas le premier mot. Que si par hasard ils en parlent pertinemment, c'est qu'ils seront allés prendre langue auprès d'un militaire, d'un marin, d'un administrateur....., c'est-à-dire précisément auprès de ceux qu'ils auront fait exclure. Prétendez-vous seulement limiter le nombre des fonctionnaires-députés? Il faudra, dans ce cas, établir des catégories, déclarer que chaque département, qu'un certain nombre de départements, ne peut élire qu'un seul fonctionnaire, et désigner quel collége le nommera. Mais toutes ces exclusions, toutes ces restrictions et d'autres encore, sont une atteinte à la liberté d'élection, une atteinte à cette souveraineté électorale que vous avez si souvent invoquée; mais vous restreignez le nombre déjà trop limité des éligibles. Prétendez-vous enfin prescrire qu'un député ne puisse accepter de fonctions salariées que plusieurs années après avoir déposé son mandat? Qu'importe! qui empêchera tel député de pourvoir les membres de sa famille; puis, après le temps voulu, de remplacer l'un d'eux? Qui l'empêchera, dans tous les cas, d'échanger sa voix contre certaines faveurs accordées à l'arrondissement ou au département qu'il représente?

Les remèdes proposés ne peuvent donc rien pour arrêter les progrès du mal.

Que proposerions-nous à notre tour?

Ce n'est pas d'augmenter le nombre des capacités dans la chambre élective par un moyen encore à trouver. Supposons en effet que les capacités puissent enfin contrebalancer la tendance du corps électoral : qu'en résulterait-il? que la chambre serait affaiblie par la lutte de la *capacité* et de la *quantité*, comme la lutte des trois ordres avait affaibli les parlements. Si la capacité ou opposition (c'est elle-même qui a établi cette prétendue synonymie) se renforçait de trente ou de quarante membres, de manière à former à peu près la moitié de la chambre, chaque parti l'emportant à son tour, la députation serait soumise à des tiraillements, à des fluctuations continuelles; il n'y aurait plus de stabilité dans le gouvernement. Si d'ailleurs la qualité est trop faible, la quantité l'emportera toujours. Ainsi, selon que les capacités formeront la moitié ou le tiers de la chambre, nous aurons l'anarchie ou le triomphe des hommes d'argent. La chambre, pas plus que le corps électoral, ne doit donc pas être partagée en deux parties à peu près égales. Cependant, d'après un principe tant de fois rappelé, il faut une opposition forte pour que le gouvernement constitutionnel fonctionne bien. Nous devons conclure de ce qui précède que ce n'est pas par une même Chambre que doivent être représentés les deux principes contraires.

Voilà en effet d'où provient l'inanité de toutes les réformes qui ont été imaginées. C'est que leurs auteurs, plus ou moins partisans de la prépondérance de la Chambre élective, ne se sont occupés que d'elle seule. A-t-on réellement bien pu se figurer que, le jour où la députation réformée affecterait la souveraineté, les autres pouvoirs se résigneraient? N'est-il pas évident que la Pairie, poussée à bout, dirait *non*, et que la Chambre des députés devrait alors retirer ses prétentions?

Reconnaissons-le bien : il n'y a qu'une réforme des deux Chambres qui puisse nous garantir du danger qui nous menace.

Il faut donc relever la Députation en la rendant une et homogène. Le seul moyen d'arriver à ce résultat, c'est de rétablir l'antagonisme qui devrait exister entre les deux Chambres, et, pour cela, d'accroître l'influence de la Pairie en y introduisant un élément nouveau, ou en donnant plus de force à ceux qu'elle renferme.

Poser la question en ces termes, c'est déclarer que les deux Chambres doivent être maintenues. Les partis extrêmes et quelques esprits éminents dans les partis modérés ont déclaré impossible, absurde même, en France, le gouvernement constitutionnel, le gouvernement des deux Chambres. Mais, comme ces mêmes hommes ne savent que mettre à la place de ce qu'ils veulent changer, ou bien proposent, les uns la république, les autres un gouvernement absolu ou aristocratique, c'est-à-dire ce dont on ne veut pas et ce dont on ne veut plus : deux formes auxquelles on a préféré celle qui existe actuellement ; comme d'ailleurs il y a quelque témérité à déclarer absurde une forme que les peuples adoptent successivement, ce qui doit faire présumer qu'il y a en elle quelque chose de bon et peut-être de nécessaire ; comme enfin il n'est pas logique de conclure contre le gouvernement constitutionnel en général de ce qu'il fonctionne mal ou avec embarras dans un pays qui commence à peine (qu'est-ce que 25 ans ?), nous devons nous occuper uniquement des améliorations qui peuvent être faites à ce qui existe.

Le gouvernement constitutionnel avec deux Chambres est le meilleur des gouvernements quand les attributions des pouvoirs sont bien déterminées et bien distinctes, quand l'idée d'antagonisme qu'expriment les Chambres est bien précise, quand enfin les Chambres remplissent une fonction non seulement différente, mais nécessaire et également importante de l'ordre social, en s'appuyant l'une et l'autre sur un instinct, un intérêt, un besoin inhérent à la nature humaine.

Malheureusement ces conditions de force n'existent pas au même degré entre nos deux Chambres. Aussi tous les pouvoirs en souffrent-ils.

III.

QUE REPRESENTE, EN THEORIE, LA CHAMBRE DES PAIRS?

Les théoriciens politiques ont beaucoup discuté sur les trois pouvoirs. La plupart s'accordent assez sur les principes constitutifs de la Royauté et de la Députation. Entre eux le dissentiment ne porte que sur le plus ou le moins : il n'y a que deux camps. Mais pour ce qui concerne la Pairie, il n'en est plus de même : là dissentiment complet. Celles de ces opinions qui paraissent avoir la même base diffèrent tout à fait, soit dans l'appréciation du principe constitutif de cette chambre, soit dans son organisation.

Ici nous n'avons à examiner que le principe constitutif.

L'une des appréciations les plus généralement admises du rôle des Chambres est celle-ci :

La Chambre des députés représente le principe démocratique.

La Chambre des pairs représente le principe aristocratique.

De quelle aristocratie entendez-vous parler? Ce n'est pas évidemment de l'aristocratie nobiliaire. Son influence est tombée avec la Restauration, et, selon toute probabilité, ne doit plus se relever. Est-ce de l'aristocratie intellectuelle, commerçante..., de la tête de la nation? En ce cas, votre appréciation est juste en partie. Cependant la Chambre des pairs ne possède ni toutes les capacités, ni toutes les capacités les plus influentes sur le pays. Il y en a beaucoup dans la Chambre élective, et ce sont précisément les plus jeunes, partant les plus actives. Il y a aussi de grands talents hors des Chambres; et la rigueur des catégories est telle, qu'ils se trouvent repoussés de la Pairie, à laquelle ils devraient appartenir. Dira-t-on qu'en somme la Chambre des pairs renferme plus de capacités, plus d'hommes d'expérience que la Chambre des députés? D'accord; mais il ne suffit pas que cela soit, il faut que ce fait soit reconnu de tout le monde, de ceux surtout qui exercent une grande influence sur les affaires du pays. Or la Députation compte assez de capacités dans son sein pour que la Pairie ne puisse avoir une supériorité bien marquée sous ce rapport, du moins aux yeux de la nation légale.

Ainsi, le fait ne répond pas à la théorie; la Chambre des pairs ne représente pas le principe aristocratique.

Passons à une autre appréciation.

La Députation représente les idées nouvelles, les besoins nouveaux; c'est le pouvoir progressif.

La Pairie représente les droits acquis; c'est un pouvoir conservateur.

Voici les développements donnés par M. Fonfrède à cette dernière idée: « Là se trouvent les notabilités en possession des avantages acquis, l'instinct, le besoin, le désir de les conserver, et par conséquent la *représentation* du principe conservateur des intérêts successivement formés par les siècles, dans la propriété, dans les positions sociales, dans la nature hiérarchique et coordonnée d'une société qui n'est pas née d'hier, et dont on ne pourrait supprimer les résultats consacrés par le temps sans frapper mortellement au cœur son existence actuelle. » Et plus loin: « Elle est instituée pour la défense des intérêts acquis, inévitablement menacés par les intérêts qui veulent acquérir. »

Cette théorie séduit au premier abord, mais elle n'est que spécieuse; elle s'appuie sur des faits qui n'existent plus, sur une fausse appréciation du rôle des Chambres depuis 1830.

Sans doute, les pairs sont conservateurs; mais les députés ne le sont pas moins par leur position personnelle et par leur position vis-à-vis des électeurs. La Chambre des députés n'a-t-elle pas réellement été aussi conservatrice que la Chambre des pairs? Certes, il y a eu au Palais-Bourbon des hommes ardents, des brouillons, des discussions orageuses, des votes inattendus; mais, en définitive, les conservateurs l'ont emporté (1). Et il n'est pas permis de croire que la Pairie eût résisté, *eût conservé*, dans le cas où la Royauté eût cédé. Les députés ont donc été conservateurs presqu'à l'égal des pairs. Cela devait être.

Qui nomme les députés? Des hommes qui paient un cens assez élevé, des hommes qui, ayant une position faite, doivent mettre les plus grands soins à empêcher tout changement. Que sont les députés? Ce que sont les électeurs. Ainsi électeurs et députés ont une égale crainte des bouleversements : leur plus grand intérêt réside dans le développement de l'industrie, dans celui du commerce, dans l'amélioration de l'agriculture et dans l'exécution des travaux publics qui peuvent concourir à ces résultats. Ils sont donc essentiellement *conservateurs*. Combien de fois ne leur a-t-on pas reproché de ne s'occuper que des localités, de se serrer chaque jour davantage autour de leurs clochers? L'opposition a bien raison de vouloir que l'intérêt particulier ne l'emporte pas sur l'intérêt général, mais elle a tort de vouloir que les électeurs exigent de leurs députés un sentiment contraire à celui dont eux-mêmes ils sont animés.

---

(1) On opposerait en vain à cette assertion l'entrée aux affaires des ministres du 12 mai et de ceux du 1er mars. Quels ont été en définitive les résultats de cette victoire? Qu'est-ce que ces ministres ont fait de plus que les ministres précédents?

Où sont ces beaux discours jadis si pleins d'audace?

C'est que M. Dufaure et ceux de ses collègues qui faisaient leur apprentissage du gouvernement s'aperçurent bientôt que les trois quarts de leurs idées sur le *gouvernement parlementaire* sont tout simplement inapplicables. La coalition n'a été qu'une intrigue adroitement menée par trois ou quatre habiles qui se sont déclarés indispensables. Ils ont, avec le secours de gens qui ne demandent qu'anarchie, dupé la Chambre et le pays pour renverser un ministère qui menaçait de durer longues années. On laissa végéter quelque temps le nouveau ministère; puis on reprit les positions occupées par le 15 avril, et l'on suivit exactement sa politique, sans que les plus rigides parlementaires trouvassent mot à dire.

« Mais, depuis 1830, la Chambre des pairs a plusieurs fois arrêté la Chambre des députés dans ses innovations. » Il est vrai. Celle-ci cependant a rarement été trop loin, et elle a fait les lois de septembre. Si la Pairie est plus conservatrice que la Députation, la différence est trop peu de chose pour que le premier de ces pouvoirs mérite exclusivement le titre de pouvoir conservateur.

Cette dénomination de *conservateur*, importée d'Angleterre, est un non-sens en France. En Angleterre, le territoire appartient à un petit nombre de familles. Ces biens, qui datent de la féodalité, et qui par conséquent sont pour la plupart mal acquis (1), se conservent à peu près intacts dans les mêmes maisons par le droit d'aînesse. Ces familles jouissent en outre de nombreux priviléges. A elles les grades dans l'armée et dans la marine, les emplois dans l'administration ; à elles la Chambre des lords pour défendre leur fortune et leurs priviléges. Elles afferment à des prix élevés pour avoir de plus gros revenus, et les fermiers vendent cher pour se tirer d'affaire. Il y a d'une part des détenteurs de la fortune publique, des oppresseurs ; de l'autre il y a des nécessiteux, des opprimés. Ceux-ci n'ont qu'un désir, acquérir, et par conséquent détruire ce qui existe : ils sont *réformistes*. Ceux-là veulent garder et fortune et priviléges : ils sont *conservateurs*. En

(1) Cette expression et les lignes suivantes sonneront mal aux oreilles des membres de la noblesse dont les biens datent de cette époque. Pour les calmer, je leur rappellerai qu'au joyeux temps où ils fraternisaient avec M. de Voltaire, et plus tard, en 89, ils déclaraient, eux aussi, que les biens du clergé étaient mal acquis; puis, s'ils veulent se donner la peine de rechercher comment ont été acquis les leurs, ils ne s'étonneront pas de l'opinion que j'émets.

In qua mensura mensi fueritis et remetictur vobis.

Il y avait tout autant de raisons de dépouiller la noblesse que le clergé. Je dis *dépouiller*, car l'appropriation des biens du clergé aux besoins de l'état est une véritable spoliation, n'en déplaise à M. Isambert, qui a presque fait citer à la barre de la Chambre des députés les frères de la doctrine chrétienne pour une phrase de leur Histoire de France.

Angleterre, donc, il y a réellement *des intérêts successivement formés par les siècles dans la propriété, dans les positions sociales, dans la nature hiérarchique et coordonnée d'une société qui n'est pas née d'hier et dont on ne pourrait supprimer les résultats consacrés par le temps sans frapper mortellement au cœur son existence actuelle.* Aussi la révolution, lente peut-être, mais inévitable, qui se prépare dans cette société, doit-elle *frapper au cœur son existence actuelle*, c'est-à-dire sa forme. En France, rien de tout cela. La société *est née d'hier;* les priviléges, les *intérêts* successivement formés par les siècles dans la *propriété*, dans les *positions sociales*, dans la *nature hiérarchique*....., ont été détruits par l'abolition du droit d'aînesse et des majorats; ils sont réglés et modifiés par l'égalité civile et par l'admission de toutes les classes de citoyens à tous les emplois. En France, il n'y a plus de révolution à faire (si ce n'est au profit de la république); il n'y a plus qu'à améliorer pacifiquement nos institutions.

La Pairie anglaise est donc conservatrice; la Pairie française ne peut l'être de la même manière, comme elle-même l'était sous la Restauration.

Dans sa composition actuelle, la Pairie ne représente donc nullement ce qu'indique la théorie.

IV.

QUE REPRESENTE EN REALITÉ LA CHAMBRE DES PAIRS?

En thèse générale, quelle que soit l'organisation d'un grand corps de l'Etat, cette organisation est telle parce qu'elle ne pouvait ne pas être telle, parce que les nécessités du moment la voulaient ainsi : elle répond à un besoin que toute autre forme aurait contrarié.

A la Restauration, la noblesse revint avec son Roi en ennemie du pays. Les Bourbons, au milieu de l'indifférence générale, pour ne pas dire plus, sentirent le besoin de se créer un appui ; d'ailleurs ils avaient des services à reconnaître. La Pairie fut donnée à la noblesse comme récompense et pour établir une caste puissante. Cette dignité fut donc héréditaire et soutenue par les majorats; non que la noblesse, qui n'exerçait aucune influence dans le pays, dût être représentée, mais elle était conquérante, et les vaincus n'eurent pas voix délibérative. Cette organisation de la Pairie était une des nécessités du maintien des Bourbons sur le trône.

La révolution eut lieu. La Royauté et la Chambre élective furent constituées aussitôt; quant à la Pairie, il était fort difficile de savoir quel parti on prendrait à son égard. La caste nobiliaire imposée venait de perdre son influence factice ; la Chambre des pairs dut perdre la sienne : l'esprit national, l'esprit démocratique, dominait. Il n'y avait plus qu'une influence, il ne devait y avoir qu'une représentation, la Chambre des députés. La Pairie devenait donc inutile ; néanmoins on remit à l'année suivante. Dans l'intervalle on s'aperçut que l'un des deux pouvoirs déjà organisés ne se trouvait pas toujours à couvert. On avait bien entouré chacun d'eux de prérogatives qui devaient être une barrière aux empiétements réciproques; mais les limites mêmes de ces prérogatives, comme il arrive pour toute institution humaine, donnaient lieu à discussion ; une lutte pouvait dès lors s'établir entre les deux pouvoirs. Le même inconvénient se reproduisait pour la confection des lois. De plus, on avait, en maintes occasions, remarqué l'hésitation ou l'embarras de la Chambre au milieu de l'effervescence presque générale, suite naturelle d'une révolution. Au milieu de l'agitation et des émeutes, on avait remarqué aussi que les prérogatives royales n'étaient pas assez fortes, ou ne l'étaient que par l'effet de l'énergie personnelle du Roi. Outre que la majesté royale s'exposait à recevoir de graves atteintes dans une lutte personnelle, cette lutte était par trop inégale. Confier la défense de la prérogative royale au ministère, l'expression de l'assemblée, ce pouvait être dans certaines circonstances la confier à des mains ennemies ou froidement disposées; d'ailleurs, une assemblée peut seule résister à une assemblée. Enfin, le souvenir de la première révolution, souvenir d'hier ravivé par l'émeute qui grondait dans les rues, était trop présent à tous les esprits pour que la démocratie, victorieuse et souveraine, voulût régner sans contre-poids suffisant. Elle sentit la nécessité de fortifier contre la députation le pouvoir royal, trop à découvert; et afin de rendre la lutte égale autant que possible, en donnant à la Royauté des moyens de défense de même nature que les moyens d'attaque, quand le jour fut venu de réorganiser le troisième pouvoir, elle transforma en gardienne de la prérogative royale la Pairie, qui avait cessé d'exister comme pouvoir spécial.

Pour atteindre ce but, la condition d'hérédité ou d'élection, c'est-à-dire d'indépendance complète, non seulement n'était pas nécessaire, mais elle était incompatible avec la fonction nouvelle de cette assemblée, qui ne pouvait plus être complétement indépendante, puisqu'elle aurait pu se soustraire à son devoir. La nation fit sagement, elle fut tout à fait conséquente en confiant au Roi la nomination des membres qui composent ce corps important, et en rendant viagère la dignité de pair.

La Pairie n'est donc aujourd'hui qu'une délégation de la Royauté.

Son rôle étant rempli, puisque les circonstances qui la voulaient telle n'existent plus, son organisation doit subir des modifications.

V.

QUE DOIT REPRÉSENTER LA CHAMBRE DES PAIRS ?

Sous l'ancienne monarchie il y avait en France trois ordres bien distincts : de là trois intérêts dans l'Etat, de là une triple représentation dans les états généraux. A la première révolution il n'y eut plus qu'un ordre, et les événements, tant intérieurs qu'extérieurs, établirent un seul intérêt : de là une seule assemblée. En Angleterre, deux intérêts, deux Chambres. Aux Etats-Unis, souveraineté et intérêt général de la nation, d'une part ; d'autre part, souveraineté et intérêt particulier de chaque Etat : deux Chambres également. Tout cela est clair et précis ; on conçoit nettement la raison d'être de chacune de ces assemblées. On conçoit aussi ce qu'actuellement, en Belgique, en France, en Espagne et en Portugal, représente la Chambre des députés ; mais que représente dans chacun de ces pays le Sénat ou Chambre des pairs ? Il est difficile de le dire : on ne trouve que des appréciations vagues et contestables. Cependant cette seconde assemblée n'est pas inutile, puisqu'on s'obstine à la conserver. On n'imite pas machinalement dans plusieurs contrées, pendant vingt-cinq ans, et surtout après une révolution dans la même contrée, une forme de gouvernement fausse. La Pairie doit donc avoir une raison d'être.

Quelle est-elle ?

Cherchons.

La Chambre des pairs, comme nous venons de l'établir, n'est ni un pouvoir aristocratique ni un pouvoir exclusivement conservateur. Il y a plus : dans l'état présent de nos mœurs on ne pourrait l'amener à être l'un ou l'autre ; le chapitre précédent renferme des preuves suffisantes de cette assertion. Cela posé, la question se trouve singulièrement simplifiée.

Il est impossible, après une révolution, que deux Chambres librement organisées par les vainqueurs n'aient pas un sens distinct plus ou moins clairement indiqué : de telle sorte qu'après avoir déterminé le principe que représente celle des deux qui est le plus nettement établie, il suffira de prendre le principe contraire pour savoir ce que doit représenter l'autre assemblée.

Qui nomme les députés ? Des électeurs censitaires. Quels hommes doivent choisir les électeurs ? Des censitaires comme eux. Pourquoi cette condition du cens pour les électeurs et pour les députés? Afin qu'ayant tous, comme possesseurs, intérêt à la tranquillité du pays, ils ne portent pas légèrement dans l'ordre moral un trouble qui atteindrait l'ordre matériel, la propriété. De plus, les élections sont faites par des électeurs locaux, qui doivent naturellement exiger de leur mandataire qu'il défende les intérêts de l'arrondissement qui le nomme. Les électeurs que leur éducation place au dessus du vulgaire, et qui peuvent ne voir que des principes dans une élection, forment une telle minorité, que leur influence est à peu près nulle : ainsi, la députation représente essentiellement l'argent, la capacité territoriale, les *intérêts matériels*.

La Pairie doit donc représenter les *intérêts moraux*.

En effet, qui nomme les pairs? Le Roi, que sa position, autant que son éducation, place au dessus des intérêts et des influences des localités. Quels hommes doit choisir le Roi? Des hommes ayant rempli pendant long-temps des fonctions importantes et élevées, les sommités de la littérature des sciences et des arts ; c'est à-dire, en général, des hommes de talent et d'expérience. Ainsi on a voulu, en établissant les catégories, que les pairs fussent recrutés dans l'élite de la nation. Or de tels hommes représentent la capacité intellectuelle plutôt que la capacité matérielle.

Il résulte donc de la Charte que la Députation doit représenter les intérêts matériels du pays, et la Pairie ses intérêts moraux. Si cette intention ne se trouve pas clairement indiquée, si la ligne de démarcation n'est pas nettement tracée, cela tient à la préoccupation des esprits à l'époque où l'article 23 fut révisé, et aux nécessités du moment.

Mais la Charte a-t-elle raison? Aujourd'hui, dans un état normal, la Pairie doit-elle représenter les *intérêts moraux?*

Oui.

« Eh quoi! va-t-on s'écrier, n'est-ce pas avilir les députés,
» des hommes recommandables les uns par leur fortune,
» les autres par leurs talents ou par leur position sociale,
» tous par le choix des électeurs; n'est-ce pas les avilir,
» que de prétendre leur faire représenter les intérêts maté-
» riels? »

Eh! mon Dieu! n'est-il pas de notoriété publique que les trois quarts des députés exigent des ministres, en échange de leur appui, qui une route, qui un pont, qui des subventions pécuniaires...... pour les arrondissemens qui les envoient à la Chambre? Ne sait-on pas que la sollicitation de ces avantages est une des conditions secrètes de l'élection? Certes c'est bien là représenter des intérêts matériels. D'ailleurs pourquoi prendre cette expression dans un sens si absolu? Nous ne prétendons pas que toute grande pensée, que tout noble sentiment sera exclu de la Chambre des députés; nous disons qu'elle représente plus particulièrement les intérêts matériels, et la Chambre des pairs plus particulièrement les intérêts moraux. Voilà tout.

Reprenons.

Ces deux mots, *aristocratie* et *démocratie*, doivent disparaître de notre langue usuelle, pour ne rester que dans l'histoire. Il n'est pas à dire que ces deux principes continueront à agiter le monde parce qu'ils l'agitent depuis des siècles. Cette division de la société est surannée aujourd'hui en France; elle ne repose sur rien. Depuis Jésus-Christ, la grande lutte pour les nations comme pour l'individu est celle de l'âme contre le corps. La lutte du peuple et de l'aristocratie n'est qu'un épisode. Maintenant que nous avons été vainqueurs dans la lutte secondaire, nous devons revenir tout entiers à la lutte chrétienne de l'intelligence contre la matière, du bien-être moral contre le bien-être matériel.

Faut-il donc proscrire d'une manière absolue le bien-être matériel?

Nullement.

Quand le christianisme parut, il trouva le sensualisme en possession de la société romaine. Il prêcha la prédomination de l'esprit sur les sens : il ne prétendit pas anéantir ceux-ci, il ne les nia pas. Sans doute, les ermites, les anachorètes, les solitaires de la Thébaïde et tant d'autres pénitents, ne songèrent qu'à leur âme. Mais il fallait ces admirables abnégations, ces sublimes extravagances (excentricités) comme contre-poids et comme exemple à une société que le matérialisme énervait et abrutissait. Ces hommes qui appartenaient à un autre monde plutôt qu'à la terre; ces hommes que le philosophisme inintelligent, sans âme et sans cœur, du dix-huitième siècle, traita de fainéants, d'énergumènes et de fous; ces hommes pieux et saints contribuèrent puissamment à établir la doctrine chrétienne, et furent par conséquent de grands civilisateurs. Ils ne prétendaient pas cependant que leur exemple dût être suivi de tous, car ils savaient bien que, avec la famille, de pareilles austérités sont impossibles. Aussi l'Eglise, qui les a béatifiés, tout en blâmant leur exaltation anti-sociale, n'a-t-elle imposé qu'un petit nombre de privations pour la mortification de la chair.

Ne nions aucun des deux éléments qui nous constituent. Le corps sans l'âme ne serait qu'une machine au repos, un cadavre; l'âme sans le corps n'est rien d'humain. « *Allions-les* » *l'un avec l'autre, puisque le Créateur a voulu que le bon* » *accord entre le corps et l'esprit fût pour toute l'humanité* » *une condition d'existence.* »

Plaçons les besoins du corps après ceux de l'âme; et, dans la société politique, donnons-lui au plus la même importance.

La majorité de la Chambre des députés représente nécessairement la propriété; loin de vouloir la modifier par l'introduction de nouvelles capacités, renforçons-la, afin qu'elle représente fortement, presque exclusivement la propriété, et plaçons le contre-poids, l'opposition, la capacité, dans l'autre Chambre.

La Députation représente les intérêts matériels; que la Pairie représente les intérêts moraux.

Chacune des deux assemblées ne représentant plus seulement un intérêt politique, conventionnel, et par conséquent passager, mais un intérêt à la fois distinct et général, un intérêt essentiellement inhérent à la nature de l'individu et des sociétés, chacune des deux assemblées sera l'expression d'un fait durable, et par conséquent la forme de notre gouvernement se rapprochera davantage de la forme normale (si toutefois elle existe) que les hommes cherchent depuis tant de siècles (1).

Avant de chercher, pour la Pairie, une organisation nouvelle, il faut examiner rapidement si les systèmes qui ont été proposés pour la relever sont efficaces, et s'ils peuvent atteindre le but que nous venons de déterminer.

---

(1) La théorie précédente, qui a pour but de mettre en lumière les deux besoins qui se trouvent dans l'existence d'un peuple, répond aux lignes suivantes, qui renferment, sous la forme d'un sophisme habilement dissimulé, l'un des plus forts arguments qu'on ait avancés contre la nécessité d'une seconde Chambre :

« S'il y avait dans la société française des forces contraires, diverses même, à représenter, nous concevrions l'antagonisme de deux Chambres se faisant équilibre, et entre lesquelles la balance serait tenue par la Royauté. Mais il n'y a qu'un seul intérêt en France, qui est celui du peuple, et qui se personnifie naturellement dans la Chambre des députés. »

VI.

EXAMEN DES MOYENS PROPOSÉS POUR LA REORGANISATION DE LA PAIRIE.

La meilleure manière de bien juger si les moyens qui ont été imaginés pour relever la Pairie atteignent le but qu'on s'est proposé, c'est de rappeler les critiques dont la constitution de cette chambre a été l'objet.

Nous citerons de préférence un journal qui, aux yeux des conservateurs, aura en cette matière plus d'autorité que les organes de l'opposition.

« La Chambre des pairs a-t-elle dans l'Etat le rang, l'influence, l'autorité réelle qu'elle devrait avoir?...

» La Chambre des pairs est-elle tout ce qu'elle devrait être? Sent-on en elle l'énergie et la puissance d'un corps qui vit et se soutient par le principe de son institution?...

» Si, avec le temps, si, par de mauvais choix, l'éclat que répandent sur la Pairie les hommes illustres qui siégent encore dans son sein s'effaçait peu à peu; si les Soult, les Gérard....., n'avaient pour successeurs que d'anciens députés fatigués et de vieux fonctionnaires plus ou moins obscurs, la Chambre des pairs ne s'éteindrait-elle pas en quelque sorte d'elle-même?... Nous ne blâmons pas les choix faits sous l'empire de la loi nouvelle. Il y en a eu d'excellents, nous le reconnaissons volontiers..... Mais qui oserait affirmer que ces choix seront toujours aussi bons?

» Est-elle, comme le veut la Charte, un troisième pouvoir contrebalançant selon le besoin la chambre élective ou la royauté?...

» Que lui manque-t-il? Un principe constitutif propre.

» Aujourd'hui, la Chambre des pairs est, sans exception, fermée aux jeunes gens..... Aussi est-ce vers la Chambre des députés que se portent toutes les ambitions qui ont de la force et de l'avenir.

» Elle devrait être un pouvoir indépendant dans l'Etat, et elle tire son origine d'un des pouvoirs mêmes qu'elle est chargée de contrôler. »

(*Journal des Débats*, 16 août 1839.)

Arrêtons-nous à ces critiques graves et sérieuses; repoussons les récriminations de toute espèce qui se sont produites contre cette assemblée, que ni l'illustration ni les vertus éprouvées de la plupart de ses membres n'ont pu mettre à l'abri des accusations les plus absurbes, des plaisanteries les plus indécentes, des injures les plus ignobles. Aujourd'hui que les passions sont un peu calmées, on se contente de demander la réorganisation de la Pairie pour cause d'insuffisance. Mais la diversité des opinions est si grande sur ce sujet, qu'il est difficile de faire un choix. Cependant, en résumant ces opinions, on trouve qu'il y a unanimité pour donner à la Chambre des pairs, d'abord un principe constitutif, puis l'indépendance, puis la force. Voyons si quelqu'un des moyens proposés assure ces trois garanties.

Ces moyens sont :

1° L'hérédité;

2° L'élection à vie par les mêmes colléges qui nomment les députés, en restreignant seulement le nombre des éligibles;

3° L'élection à vie par des électeurs spéciaux;

4° . . . . par les municipalités;

5° . . . . par les députés;

6° L'élection à temps.

L'hérédité assurerait sans doute l'indépendance de la Pairie et lui donnerait un principe constitutif propre; mais cette chambre ne pourrait avoir de force et d'autorité avant un demi-siècle, c'est-à-dire avant qu'au moyen des majorats une riche aristocratie se fût constituée. Or le rétablissement des majorats n'étant pas possible aujourd'hui, l'hérédité est morte pour plus long-temps, sinon pour toujours.

C'est une des grandes erreurs de notre époque que de se figurer que l'élection est en général un mode toujours efficace. Si les pairs étaient nommés par les électeurs ordinaires, la

Pairie, devenant l'expression du corps électoral, partirait du même principe que la Députation; et encore serait-elle considérée comme représentant moins la France par cela même que le nombre des éligibles se trouverait plus restreint. Ainsi, dans de telles conditions, l'élection donnerait bien l'indépendance à la Chambre des pairs par rapport au pouvoir, mais ne lui assurerait ni un principe propre, ni une force égale à celle de l'autre chambre. Ce ne serait qu'une doublure de la Députation. Tels sont le Sénat belge et le Sénat espagnol. Le Sénat américain fait exception parce qu'il représente un principe essentiellement distinct de celui de la Chambre des représentants.—Enfin, si vous admettez avec nous que la Pairie doive représenter les intérêts moraux de la France, et que vous confiiez aux électeurs censitaires la nomination des pairs, en établissant des catégories pour plus de sûreté, pensez-vous qu'ils choisiront toujours les plus capables? Sont-ils aptes à juger de la capacité des candidats? Non certainement; et, plus vous élargirez le cercle électoral, plus vous y introduirez de gens inhabiles à le faire. N'auront-ils pas souvent égard aux opinions politiques ou à la fortune plus qu'au talent? Cette partialité est très naturelle. Pour des industriels, des commerçants, des agriculteurs, des banquiers.., les hommes les plus capables, ce sont des hommes de leur espèce. Et ils ont raison dans un sens: car ces hommes ont l'habitude des affaires, tandis que les autres n'en ont que la théorie. Ainsi donc, chargez des industriels d'élire des industriels, c'est bien; vous pouvez compter qu'ils feront de bons choix, parce qu'ils pourront apprécier leur semblable d'après ses œuvres. Mais vouloir les charger d'élire des capacités proprement dites, de choisir parmi des lettrés, des savants, des artistes, c'est dérision; parce que, incapables de les juger d'après leurs œuvres qu'ils ne connaissent pas ou ne comprennent pas, ils se laisseront circonvenir par l'intrigue ou par le charlatanisme. D'ailleurs, quelque larges que soient les catégories, elles ne pourront admettre certains hommes d'une capacité reconnue, mais qui échappent à toute classification. Il est encore des savants modestes qui, par la profondeur autant que par la nature de leurs travaux, ne pouvant espérer de popularité, verraient la Pairie fermée pour eux. L'administration, l'armée de terre et de mer, verraient également toute chance leur échapper, car comment les électeurs pourraient-ils apprécier de telles capacités? Ainsi, non seulement toutes les capacités ne seraient pas admises dans la Pairie, mais des classes entières de capacités y seraient à peine représentées. L'élection par les colléges électoraux est donc impuissante à donner une bonne organisation à la Pairie.

Etablira-t-on un corps électoral particulier, composé de l'élite des électeurs ordinaires? Les choix seront assurément plus éclairés, mais la Chambre des pairs n'en aura pas davantage un principe constitutif propre, et elle sera encore beaucoup moins influente que la Députation, comme moins démocratique.

La nomination des pairs par les conseils municipaux offrirait les mêmes inconvénients. De plus ce serait augmenter d'une manière dangereuse la puissance des municipalités.

Enfin, on a proposé de confier à la Chambre des députés la nomination des pairs. Certes, s'il ne s'agissait que de faire des choix éclairés, les députés seraient tout à fait compétents, plus compétents que qui que ce soit pour choisir, dans toutes les catégories de capacités, les hommes les plus capables, aussi bien ceux qui sont en réputation que ceux dont le mérite est ignoré. Mais, quelles que soient ses lumières et son impartialité, il est impossible d'admettre qu'une assemblée veuille nommer une autre assemblée complétement indépendante d'elle, qui puisse lutter d'influence avec elle et lui résister au besoin.

Nous avons supposé jusqu'à présent que les membres de la Pairie seraient nommés à vie. S'ils devaient être nommés à temps, aux inconvénients déjà signalés se joindrait l'inconvénient des mandats impératifs.

Tels sont les vices principaux qui rendent les moyens proposés impuissants à réorganiser fortement la Pairie.

VII.

PROJET D'ORGANISATION. NOUVEL ARTICLE 23 DE LA CHARTE.

Nous venons de repousser, pour base d'organisation de la Pairie, l'hérédité, l'élection populaire, l'élection par les municipalités, l'élection par la Députation ; et, puisque nous proposons une réforme, nous repoussons aussi la nomination par le Roi. Il n'existe cependant pas d'autre moyen connu de constituer une Chambre. Est-ce donc à dire que nous allons mettre en avant quelque principe nouveau, proposer quelque mode inconnu jusqu'à ce jour? Loin de nous une telle prétention : c'est en politique surtout qu'il n'y a rien de nouveau sous le soleil. Nous n'avons combattu ni l'hérédité, ni l'élection, ni la nomination royale, en elles-mêmes, d'une manière absolue ; ces principes, bien plus, *tous* les principes politiques, *tous* les principes sociaux, pour ou contre lesquels les hommes luttent depuis les temps historiques, tous ces principes, disons-nous, sont bons et par conséquent vrais : ainsi, la légitimité et la souveraineté nationale, l'absolutisme et la liberté, la centralisation et le fédéralisme, le droit d'association et sa prohibition, l'obéissance passive et le droit de résistance..., sont également bons. Mais ils deviennent dangereux quand on veut faire de l'un d'eux exclusivement la base de l'édifice social, quand on veut y rapporter tout le reste. C'est que, par une logique irrésistible, les hommes sont amenés à déduire peu à peu, et insensiblement, toutes les conséquences des principes qu'ils adoptent : aussi l'histoire nous apprend-elle que, chaque fois qu'on a fait d'un principe unique la base d'une société, ce principe a produit successivement toutes ses conséquences, jusqu'à ce qu'étant arrivé aux plus extrêmes, il tombe dans l'absolu. Alors, absorbant tout en lui, jusqu'à la société qu'il dirigeait, il arrive ainsi à l'oppression de cette société qu'il devait protéger, à la négation (*l'état, c'est moi !*) de cette société qu'il devait produire forte et brillante, et il finit par se perdre dans les ruines de cette même société pour faire place à un autre principe, qui à son tour conduit à des résultats semblables. Beaucoup d'esprits admettent encore aujourd'hui qu'il faut à l'édifice social une *pierre angulaire*, une *clef de voûte* : deux métaphores complétement fausses. Il n'y a de pierre angulaire (soutenant tout l'édifice) dans aucun édifice ; et, quant à la clef de voûte, c'est un complément, un ornement, qui n'importe que fort peu à la solidité de la voûte. Cependant chaque principe social a été employé ainsi, mais il n'était que de circonstance, bien que nécessaire pour organiser en partie la société ; et, quand il a eu atteint son but, il est tombé pour avoir voulu le dépasser. Ainsi la féodalité, qui était utile et nécessaire dans son temps, a péri par ses excès après avoir fait son œuvre. Mise à sa véritable place, elle offre cependant quelque chose de bon ; de nos jours, l'organisation municipale est à peu près la féodalité bien comprise. Ainsi encore le fédéralisme est très propre à organiser les différentes parties d'un peuple, surtout quand ce peuple est disséminé sur une vaste étendue de territoire, comme aux Etats-Unis ; mais cette forme de gouvernement ne convient qu'à l'enfance des sociétés ; et, prise dans son sens absolu, elle ne produit que l'anarchie : témoin la Suisse. Et ainsi de beaucoup d'autres formes, qu'il serait ridicule de vouloir éterniser. L'idée première est bonne, elle devient mauvaise quand on la systématise ; il n'y a de faux et de mauvais que l'absolu, il conduit fatalement aux révolutions. Loin de s'exclure les uns les autres, les principes sociaux et les principes politiques doivent tous entrer comme parties intégrantes dans l'édifice social, mais *à leur place*, et dans de *justes proportions*. Si nous sommes en progrès sur les anciens, ce n'est pas pour avoir trouvé des principes nouveaux, mais pour avoir mieux coordonné ceux qui étaient connus, pour en avoir admis un plus grand nombre dans la constitution des sociétés : le progrès consiste donc à en introduire chaque jour de nouveaux, et nous ne serons en *harmonie* que quand tous auront été admis et bien placés.

Il serait plus juste de comparer l'état social à un corps matériel qu'à un édifice. C'est un corps composé d'éléments différents, il n'existe que par leur combinaison en proportions diverses ; et chacun de ces éléments pris à part, ou quelques uns seulement, constituent bien un corps, mais non celui-là. Condensez de l'hydrogène tant que vous voudrez ; vous n'aurez jamais que de l'hydrogène, qui ne peut entretenir la vie, vous n'aurez pas de l'eau. Faites du pouvoir absolu, de la liberté..., la base de l'état social, condensez-les tant que vous pourrez, vous aurez l'extrême absolutisme ou l'extrême anarchie; vous n'aurez ni une société, ni un gouvernement qui puisse donner la vie à la société.

Encore une fois, ce ne sont pas les principes en eux-mêmes que nous avons combattus (1).

Voyons maintenant quelle pourrait être l'organisation de la Pairie représentant les intérêts moraux, en admettant que ces intérêts doivent être représentés spécialement par les capacités.

Quand la Pairie était l'expression du principe aristocratique ou du principe conservateur, quand elle était instituée, comme

(1) Bien que les idées qui précèdent aient quelque rapport avec celles de Fourier sur les passions, je suis loin d'être phalanstérien. Fourier prétend que *toutes* les passions sont bonnes. J'accepte l'affirmation, mais je la fais passer des passions, où elle est dangereuse parce qu'elle n'est pas à sa place, aux principes, où elle est à sa place et par conséquent vraie et bonne. De même le doute de Descartes, et le libre examen, qui en est la suite, sont choses excellentes en philosophie et dans les autres sciences, révélations humaines; mais appliqués à la religion, révélation divine, ils sont complétement absurdes. L'homme qui croit au libre arbitre absolu et celui qui n'admet que la fatalité se trompent également, car ces deux faits sont également vrais, avec cette différence que le libre arbitre n'appartient qu'à l'individu, et que la fatalité est le partage des nations. L'individu est toujours libre de faire le bien ou le mal; mais la nation ou la caste à laquelle il appartient est fatalement entraînée dans la route où elle s'est d'abord engagée.

aujourd'hui, pour couvrir la Royauté, il importait que le nombre de ses membres fût illimité, afin que l'on pût toujours contenir la démocratie, et aussi la noblesse au besoin, c'est-à-dire afin que l'on pût ramener la Pairie à l'esprit de son institution, si les événements la rendaient momentanément infidèle à son principe constitutif. Une telle éventualité ne pouvant plus se présenter avec le principe que nous proposons, cette mesure de précaution n'est plus nécessaire ; à peine faudrait-il laisser vacants quelques siéges, uniquement pour récompenser des actions d'éclat. Ainsi :

Le nombre des Pairs sera limité.

Nous voulons que, la Chambre des pairs représentant les intérêts moraux, toutes les grandes capacités y aient accès : dès lors la nomination royale, qui n'est, à proprement parler, qu'une nomination ministérielle, devient tout à fait insuffisante, car elle ne peut faire arriver à la Pairie ni les capacités des oppositions extrêmes, ni celles qui, bien qu'amies du gouvernement, se croient plus honorées de tenir leur mandat d'un collége électoral quelconque que d'un ministère. Mais, hors de l'hérédité et de la nomination par le Roi, il n'y a de possible que l'élection : c'est donc à l'élection que nous devrons avoir recours. Cependant, comme nous l'avons déjà dit, il est beaucoup de capacités modestes et obscures, surtout dans l'administration, qui ne peuvent être appréciées que par le chef de l'Etat ou par ses ministres, et il importe à la bonne confection des lois que ces capacités pratiques aient accès dans la Pairie ; enfin, dans l'armée et dans la marine l'élection est impraticable : il faudra donc, dans ces trois cas, conserver la nomination par le Roi.

Les Pairs seront en partie élus, en partie nommés par le Roi.

Nous croyons avoir prouvé, dans le chapitre précédent, que le mode d'élection qui repose sur le cens est essentiellement défectueux pour le but que nous nous proposons, parce qu'il conduit à faire juger des littérateurs, des savants, des hommes d'état, par des fermiers, des industriels et des négociants, hommes sans doute aussi honorables qu'ils sont utiles, mais qui n'ont pas les lumières suffisantes pour s'acquitter d'une mission de cette nature; car il ne suffit pas ici d'apprécier la probité et le patriotisme des candidats : il n'y a que des capacités qui puissent reconnaître et juger les capacités.

La partie élective de la Pairie sera nommée par les capacités.

Mais il y a différentes espèces de capacités, et la ligne de démarcation qui les sépare est assez tranchée pour que les unes ne puissent pas toujours bien juger les autres : il est donc juste que chaque capacité soit nommée par la classe de capacités à laquelle elle appartient. Ce sera introduire dans l'élection ce principe que *chacun doit être soumis à ses juges naturels*, ou bien (toute équivoque à part) que *chacun sera jugé par ses pairs.*

Les capacités seront divisées en catégories : chacune d'elles concourra a l'élection d'un pair de sa catégorie.

Les intérêts matériels du pays peuvent changer, aussi la mobilité est-elle justement le partage du mandat du député ; mais, ses intérêts moraux étant toujours les mêmes, la mobilité n'est pas nécessaire pour le mandat de pair ; d'ailleurs l'inamovibilité est une garantie d'indépendance.

La dignité de Pair sera conférée a vie.

Pour donner plus de force à la Chambre des pairs, il importe d'y introduire des hommes jeunes qui désirent acquérir encore quelque renom, et qui, pouvant attendre encore quelque chose de l'avenir, n'aient pas dit tout à fait adieu à l'ambition. En fixant à trente ans l'âge auquel on pourra être Pair, on ajouterait à cette maturité des délibérations et à cette expérience des affaires par lesquelles brille aujourd'hui la Pairie, l'éclat, l'animation, l'ardeur et l'ambition, qui sont le partage de la jeunesse, et qui donneraient une énergie nouvelle à l'assemblée.

Nul ne pourra être nommé Pair avant l'age de trente ans.

Du moment que l'on confie à des capacités incontestables et d'une indépendance reconnue le droit d'élire d'autres capacités, il n'est pas douteux que leurs choix ne soient toujours bons. Il est alors de toute nécessité d'abolir les catégories pour le cas d'élection, car elles ont été établies uniquement afin que le pouvoir ne pût faire que de bons choix, garantie qui devient inutile; et d'ailleurs leur sévérité est telle, qu'elle ne permet l'accès de la Pairie qu'à des hommes qui ont déjà dépassé de beaucoup le milieu de la vie. De plus, pour que toute capacité puisse être admise, il faut repousser toute condition qui supposerait une certaine fortune. Que la seule condition soit la capacité, et que ceux qui seront appelés à élire en soient les juges souverains.

AUCUNE CONDITION DE CENS OU AUTRE N'EST NÉCESSAIRE POUR ÊTRE ÉLU MEMBRE DE LA CHAMBRE DES PAIRS.

Il ne suffit pas que toute capacité puisse arriver à la Pairie, il faut encore qu'elle puisse s'y maintenir honorablement. Il faut donc qu'un homme de talent, qu'un homme de génie sans fortune, élevé à la dignité de pair, ne néglige pas la mission qui lui a été confiée pour vivre du produit de sa plume, ou qu'il soit plongé dans la misère s'il néglige les travaux qui lui donnent la vie pour s'occuper consciencieusement de ses travaux législatifs.

LES PAIRS RECEVRONT UNE RÉTRIBUTION ANNUELLE.

Enfin, les motifs qui ont fait établir des catégories subsistant toujours pour le cas de nomination royale (nomination ministérielle), il n'y a pas lieu de la supprimer.

IL SERA FORMÉ DES CATÉGORIES DANS LESQUELLES LE ROI CHOISIRA LES PAIRS QUI SONT A SA NOMINATION.

Telle est l'organisation que nous proposons. Passons maintenant au mode d'élection.

Supposons, pour fixer les idées, qu'on limite le nombre des pairs à trois cents. Sur ces trois cents pairs, le tiers serait à la nomination du Roi, qui les prendrait dans l'armée, dans la marine, dans l'administration, dans le corps diplomatique, etc. Ces nominations se feraient, comme elles se font aujourd'hui, sauf quelques modifications à apporter aux catégories? Les deux cents autres nominations seraient réparties entre les différentes classes de capacités suivant leur importance pour le but que l'on se propose. Ces capacités appartiennent sans exception à l'une des parties de l'énumération suivante.

	Nombre des Pairs.
Eglise	10 (1)
Littérature	20
Sciences exactes.	20
Sciences morales et politiques . .	40
Sciences historiques	20
Arts.	10
Magistrature.	50
Université	15
Industrie	15
Total.	200

Mais quel est enfin le mode d'élection?

Nous avons heureusement en France une institution, une assemblée correspondant à chacune des catégories de capacités, et cette institution, cette assemblée, offre toutes les conditions voulues de lumières et d'indépendance pour élire des capacités de son espèce.

1° Les capacités du clergé seraient nommées par les cardinaux, les archevêques et les évêques, convoqués à cet effet, à l'extinction d'un des dix membres de son ordre qui le représentent à la Chambre des pairs.

Si l'on voulait que le bas clergé eût accès à la Pairie, alors l'assemblée des prélats n'élirait que six membres, les quatre autres devant être nommés par une assemblée d'électeurs ecclésiastiques envoyés du clergé de chaque diocèse (2).

(Nous ne croyons pas avoir besoin de justifier la réintégra-

---

(1) Ces nombres ne sont qu'approximatifs.

(2) Pour ce cas et pour d'autres, il est inutile d'entrer dans des détails tels

tion du clergé dans la Chambre des pairs. Les hommes éclairés reconnaîtront que cette mesure est non seulement équitable, mais utile, mais nécessaire. Quand on a voulu soumettre le clergé à la loi commune, on a dit que le prêtre est citoyen avant d'être prêtre : et on lui refuse tous les droits du citoyen! Est-ce justice? D'ailleurs, est-il convenable que la religion ne soit représentée dans aucune des deux assemblées où s'élaborent les lois?)

2° Les capacités politiques, littéraires, scientifiques et artistiques, seraient nommées par celle des cinq académies à laquelle elles correspondent.

Le nombre des pairs qu'aurait à nommer l'Académie des sciences morales et politiques devrait être plus grand que *trente*, afin qu'elle pût choisir hors de son sein.

Par suite des attributions nouvelles de chaque académie, il semblerait naturel de supprimer l'approbation royale pour la nomination des académiciens. Mais cette approbation, par suite de l'abnégation bien connue du Souverain, exerce si peu d'influence sur les élections académiques, qu'elle est à peu près aujourd'hui de pure formalité.

3° Les capacités de la magistrature seraient nommées par la Cour de cassation.

4° Les capacités de l'Université, par le conseil royal, auquel se réuniraient les inspecteurs généraux et les professeurs de facultés.

5° Quant aux capacités de l'industrie, à défaut d'une institution qui leur corresponde d'une manière spéciale et qui en soit le point culminant, on pourrait régler l'élection ainsi qu'il suit : Les villes qui sont appelées à former le *Conseil général des manufactures*, après avoir nommé les vingt membres du conseil, en nommeraient soixante autres, qui, à l'époque de l'élection d'un pair appartenant à l'industrie, se réuniraient

---

que le lieu de l'élection, les frais de déplacement.... Il suffit ici d'établir le fait principal.

aux précédents pour désigner quatre candidats parmi lesquels l'Académie des sciences choisirait.

A ces dispositions particulières s'ajouteraient deux prescriptions générales.

TOUTE ÉNONCIATION DE CANDIDATURE, PARTANT TOUTE RÉUNION PRÉPARATOIRE, TOUTE PROFESSION DE FOI, SERAIT INTERDITE.

Dans l'élection de capacités par des capacités, tout homme doit être jugé ou d'après les ouvrages qu'il a publiés, ou d'après la manière dont il remplit les fonctions qui lui sont confiées, c'est-à-dire d'après ses œuvres. Ce sont là des professions de foi suffisantes, puisque les électeurs *capacitaires* doivent rechercher la capacité sans s'occuper des opinions politiques.

Enfin vient encore une prescription importante et sans laquelle le but qu'on se propose ne pourrait être atteint qu'imparfaitement; c'est celle-ci :

LA DIGNITÉ DE PAIR, CONFÉRÉE PAR ÉLECTION, NE PEUT ÊTRE REFUSÉE.

Telle est l'organisation que nous proposons. Elle conduirait, croyons-nous, au résultat cherché depuis si long-temps et de manières si diverses. Elle nous paraît surtout éminemment praticable.

Maintenant, si nous réunissons ensemble toutes les dispositions précédentes, nous aurons, dans l'article suivant, le nouvel article 23 de la Charte :

Art. 23. *Le nombre des pairs est limité.*

La nomination du tiers des membres de la Chambre des pairs appartient au Roi, qui ne peut les choisir que parmi les notabilités suivantes :

(Ici se placent les catégories de la Charte.)

Ces conditions d'admissibilité à la Pairie pourraient être modifiées par une loi.

Les ordonnances de nomination de pairs seront individuelles. Ces ordonnances mentionneront les services et indiqueront les titres sur lesquels la nomination sera fondée.

Les deux autres tiers des membres de la Chambre des pairs seront nommés par le clergé, l'académie française, l'académie des sciences morales et politiques, l'académie des sciences, l'académie des inscriptions et belles-lettres, l'académie des beaux-arts, la cour de cassation, le conseil royal de l'instruction publique assisté des inspecteurs généraux et de tous les professeurs de facultés du royaume, le conseil général des manufactures réuni au conseil général du commerce.

Une loi déterminera le nombre des pairs dont se compose la Pairie, le nombre de ceux que devra nommer chacune des sections précédentes, et le mode d'élection qu'elles devront suivre.

Aucune condition de cens ou autre n'est nécessaire pour être élu membre de la Chambre des pairs.

Toute énonciation de candidature, toute réunion préparatoire, toute profession de foi, est interdite.

La dignité de pair, conférée par élection, ne peut être refusée ni par un député, ni par un académicien, ni par un fonctionnaire quelconque, sous peine de perdre sa qualité de député, d'académicien, de fonctionnaire.

La dignité de pair est conférée à vie et n'est pas transmissible par droit d'hérédité.

Les pairs prennent rang entre eux par ordre de nomination.

Un traitement annuel est attaché à la dignité de pair.

Art. 24. *Nul ne pourra être pair avant l'âge de trente ans.*

Art. 26. *Les princes du sang sont pairs par le droit de leur naissance; ils ont entrée dans la Chambre à vingt-cinq ans, et voix délibérative à trente ans seulement. Ils siégent immédiatement après le président.*

VIII.

CONCLUSION.

Tout système est sujet à objections; celui que nous venons d'exposer en soulèvera beaucoup.

On dira que les membres de la Cour de cassation étant nommés par le Roi, que l'élection de chaque académicien étant soumise à l'approbation du Roi, confier à ces hommes, quelque honorables qu'ils soient, la nomination d'une grande partie de la Pairie, c'est conserver à peu près ce qui existe aujourd'hui, la nomination royale.

On dira que la nouvelle attribution donnée aux académies peut changer l'esprit de ces corps au point qu'à l'avenir, dans la nomination d'un académicien, l'opinion politique des candidats soit plus consultée que leur talent.

On se récriera surtout contre cette disposition: *La dignité de Pair, conférée par élection, ne peut être refusée......, sous peine, etc.* On la traitera de tyrannique; on y verra une atteinte à la liberté individuelle; peut-être même y trouvera-t-on une arrière-pensée.

On ajoutera que les députés influents qui ont déjà refusé ou qui refuseraient maintenant la Pairie se garderont bien d'appuyer une loi par laquelle ils se verraient forcés de passer d'une chambre où ils sont presque tout-puissants dans une chambre où leur influence serait de beaucoup diminuée.

Enfin, en supposant toutes ces difficultés levées, on mettra en doute qu'une assemblée composée comme nous le proposons puisse lutter d'influence avec la Députation. On en conclura que notre réforme n'est qu'une demi-mesure, un palliatif provisoire, et par conséquent insuffisant.

Ces objections sont plus spécieuses que solides.

Nul n'oserait affirmer que les cinq académies, la Cour de cassation, etc., ne renferment pas les plus hautes capacités de leurs catégories respectives. Vainement citerait-on quelques exceptions : ces exceptions sont et seront toujours fort peu nombreuses ; elles ajouteraient sans doute à l'éclat du corps dans lequel elles siégeraient, mais leur absence ne peut en altérer l'esprit. Qu'importe alors que les nominations soient faites ou approuvées par le Roi ! Si donc on reconnaît que nous appelons les plus hautes capacités de la France à élire une partie considérable de la Chambre des pairs, comment supposer un seul instant que leurs choix ne seront pas éclairés, indépendants, les meilleurs possibles ? Mettre ce fait en doute, prétendre que des électeurs obscurs peuvent avoir autant et même plus d'indépendance, prétendre qu'ils feront des choix meilleurs ou du moins aussi éclairés, c'est déclarer que la capacité est un titre de suspicion, c'est prononcer contre toutes nos capacités actuelles l'ostracisme que les historiens démocrates prononcent contre à peu près tous les grands hommes dont l'histoire fait mention.

Nous ne pensons pas non plus que, par suite de leurs attributions nouvelles, les académiciens se laissent, à l'avenir plus que de nos jours, dominer par des préoccupations politiques. Sous un régime de liberté, l'esprit des corps savants ne peut être altéré au point que les plus hautes capacités intellectuelles n'y soient toujours admises à quelque opinion qu'elles appartiennent.

Quant à la liberté individuelle, nous ne prétendons la supprimer en aucune façon. Seulement, quel que soit leur talent, nous ne pensons pas que l'on puisse permettre plus long temps à un petit nombre d'hommes qui se sont déclarés indispensables de s'inféoder une chambre, de l'agiter ou de la calmer, de l'élever ou de l'abaisser, de la faire mouvoir dans tous les sens selon leur bon plaisir, et cela uniquement au profit de leur vanité ou de leur ambition. C'est là une atteinte à la liberté, à la considération de la Chambre, et par suite à la liberté, à la considération, à la tranquillité du pays ; atteinte bien autrement grave que celle qu'on nous reproche de porter à la liberté individuelle. Il n'est pas possible que la Chambre soit à la merci des électeurs de quelques localités; il n'est pas possible que la France reste désarmée en présence de pareils faits. Notre but est donc, nous le disons franchement, d'enlever à la Chambre des députés les Berryer, les Guizot, les Thiers, les Barrot...., pour qu'ils ne puissent plus y mettre la division, et y souffler la discorde au point de la rendre impuissante à remplir son mandat, qui consiste à s'occuper des intérêts du pays, et non à juger des tournois oratoires, à se passionner pour des intérêts individuels.

« Mais ces députés influents repousseront une loi qui les enlèverait à *leur* Chambre; mais d'autres députés non moins capables, quoique moins remuants, la repousseront aussi, puisqu'ils ont déjà refusé la pairie. » Que MM. Royer-Collard, Berryer...., préfèrent la Députation tant que celle-ci est prépondérante, rien de plus naturel; qu'ils tiennent plus à honneur d'être nommés par un collége que par un ministère, cela se conçoit. Mais il n'en sera plus de même quand la Députation n'aura sur la Pairie d'autre avantage que de voter la première les lois d'impôt. Certainement ces hommes éminents éprouvent quelque satisfaction d'avoir été élus députés; mais franchement se figure-t-on qu'ils soient bien flattés, bien *honorés* (comme ils le disent dans leur profession de foi) d'avoir été préférés à deux ou trois candidats dont aucun ne les vaut, par des électeurs dont, avec la meilleure volonté du monde, ils regardent la majorité comme composée d'honnêtes gens sans doute, mais peu capables d'apprécier le vrai mérite? Pensez-vous qu'ils tiendront moins à honneur d'aller siéger dans une assemblée qui représentera la capacité, d'être choisis parmi beaucoup de candidats également capables, par des hommes d'une haute capacité, d'être déclarés dignes par les dignes?

Enfin de quel éclat ne brillerait pas une assemblée composée de toutes les plus grandes notabilités de la France dans les arts, dans les sciences, dans les lettres, dans l'armée, dans la diplomatie, dans le clergé, dans la magistrature ! Quelle influence n'aurait-elle pas aux yeux de la nation ! Cette migration dans le sein de la Pairie des hautes capacités de la Députation donnerait plus de force à la première sans affaiblir la seconde : car la Chambre des députés aura toujours une grande autorité, parce qu'elle représentera un des grands intérêts du pays, et elle acquerra plus de force par cela même que les capacités rivales, qui ne se disputent que le pouvoir, la domineront moins, par cela même qu'elle aura plus d'unité.

Il nous reste maintenant à indiquer les principales conséquences de notre projet de constitution de la Pairie.

Les intérêts moraux étant aussi puissants que les intérêts matériels, les deux chambres auront une vitalité, une force égale, et il ne sera plus question de prépondérance, ce brandon de discorde jeté au milieu de nous depuis onze ans.

De ce partage d'influence il résultera que, la Députation n'étant plus toute-puissante, la Pairie jouera un rôle plus important dans la dissolution et dans la formation des ministères, et par suite les ministres seront moins soumis aux demandes, aux exigences personnelles des députés. De là disparition presque complète du honteux trafic des votes.

La Députation représentant les intérêts matériels, le vice de la loi électorale actuelle, qui substitue l'intérêt de localité à l'intérêt général, ce vice serait un avantage avec l'organisation nouvelle, puisque l'intérêt général se trouverait représenté plus particulièrement par la Pairie. Nos deux chambres auraient alors à peu près le même sens que celles des Etats-Unis.

L'extension des suffrages n'offrirait plus les mêmes inconvénients que sous le régime actuel.

Il pourrait se faire (et cela aurait probablement lieu) que le *progrès*, placé jusqu'à ce jour dans la Chambre des députés, passât dans la Chambre des pairs.

Les entraînements, les coalitions, ne seront plus faciles ; nous ne verrons plus quatre ou cinq orateurs rivaux imposer silence à leurs ressentiments pour s'unir, exciter, enlever la

Chambre, et renverser un ministère dont ils auraient suivi entièrement la politique s'ils se fussent trouvés au pouvoir dans les mêmes circonstances.

Enfin, tout en conservant les garanties d'ordre, nul ne sera exclu de la Pairie : l'homme de talent, riche ou pauvre, celui de noble extraction et celui d'origine obscure, y pourront arriver également, ce qui ne s'est vu dans aucune constitution depuis 95.

Nous sommes loin de croire que le projet que nous avons proposé soit parfait; il pourra subir de nombreuses modifications. Mais nous sommes convaincus qu'avec les idées que nous avons exposées *il y a quelque chose à faire.*

FIN.

Imprimerie de Guiraudet et Jouaust, 315, rue Saint-Honoré.

www.ingramcontent.com/pod-product-compliance
Lightning Source LLC
LaVergne TN
LVHW010056230826
846091LV00005B/1953